Les couleurs vagues

Dans la collection Poésie en Librio

Le bateau ivre et autres poèmes, Arthur Rimbaud, Librio n° 18
Les fleurs du mal, Charles Baudelaire, Librio n° 48
Poèmes saturniens suivi de *Fêtes galantes*, Paul Verlaine, Librio n° 62
Le lièvre et la tortue et autres fables, Jean de La Fontaine, Librio n° 131
Le spleen de Paris, Charles Baudelaire, Librio n° 179
Les paradis artificiels, Charles Baudelaire, Librio n° 212
Poèmes érotiques, Paul Verlaine, Librio n° 257
La poésie des Romantiques, Bernard Vargaftig, Librio n° 262
La poursuite du bonheur, Michel Houellebecq, Librio n° 354
Les illuminations suivi de *Une saison en enfer*, Arthur Rimbaud, Librio n° 385
Contes libertins, Jean de La Fontaine, Librio n° 622
Les haïkus, Henri Brunel, Librio n° 817
Au cœur du cœur, Andrée Chedid, Librio n° 951
Poèmes, Pablo Picasso, Librio n° 954

Georges Brassens

Les couleurs vagues

et autres recueils

© le cherche midi, 2007.
© E.J.L., 2010, pour le choix des textes et la présentation.

LES COULEURS VAGUES
1940-1942

À partir du milieu des années 1950, devenu populaire grâce à ses chansons, Georges Brassens, dans ses déclarations publiques, dans les entretiens qu'il a accordés aux journalistes, a volontiers pris ses distances avec la poésie, quand il n'a pas affiché un désintérêt ostentatoire : « Je m'en fous, moi, d'être poète ou pas ; j'écris ce qui me passe par la tête et le cœur ; et puis, à vous de décider ce que je suis ! » *Comme si la poésie n'avait jamais été sa préoccupation... Force est pourtant de constater qu'elle le fut durablement et même plus longtemps qu'il n'a bien voulu le dire.*

Sait-on que sa première œuvre publiée est un poème et qu'elle l'a été dans une revue de poésie confidentielle créée par son ami de collège Roger Théron ? Veut-on ignorer qu'il a nourri très tôt, c'est-à-dire dès l'adolescence comme il l'a plusieurs fois avoué, le dessein de « faire une carrière d'écrivain » *? Qu'à peine installé à Paris en 1940, il s'est rué à la bibliothèque du 14ᵉ arrondissement pour y dévorer les poètes ? Et que cette boulimie poétique a duré la bagatelle de douze ans, à peine suspendue le temps de son séjour forcé en Allemagne nazie en 1943-1944 ? Il a ainsi acquis une immense* « culture poétique » *qui a ébloui René Fallet quand ils se sont rencontrés en 1953. Or, question poésie, Fallet n'avait rien d'un novice qu'on épate facilement : il était lui-même imprégné de Villon et de Verlaine, de Baudelaire et de Rimbaud, il ne jurait que par Cendrars et par Prévert...*

Mais Brassens ne s'est pas contenté de s'immerger dans la poésie des autres, il s'est aussi occupé de la sienne, de celle qu'il composait depuis le collège et qu'il n'a cessé de vouloir améliorer jusqu'au début des années 1950. Pourquoi s'était-il mis à écrire des poèmes ? Pourquoi persévérait-il ? Parce qu'il a « toujours préféré les vers à la prose »*, tout simplement. Et, plus* *secrètement, parce qu'écrire de la poésie était sa façon à lui, mécréant, de toucher au spirituel :* « C'est en écrivant des vers, a-t-il confié un jour à son ami Roger Toussenot, que je prie pour un être cher. »

En mars 1949, moins de trois ans avant ses débuts de « chanteur » sur une scène parisienne, Georges Brassens s'adonnait toujours à la poésie et, par lettre, ne cachait pas sa fierté à Toussenot : « J'ai écrit une nouvelle centaine de vers ! » *C'est au même, à la même époque, qu'il avouait avoir* « jeté au feu » *ses poèmes de jeunesse.*

*Mais tous les poèmes de Brassens n'ont pas été détruits. Si on ne sait pas ce qu'il a brûlé, on sait parfaitement ce qu'il a conservé : d'abord, les recueils manuscrits qu'il a composés lui-même au tout début des années 1940 (*Les couleurs vagues *et* Des coups d'épée dans l'eau*) ; ensuite, une plaquette qu'il a fait paraître chez un éditeur parisien en 1942 (*À la venvole*) ; également, une longue pièce poétique (*Les amoureux qui écrivent sur l'eau*) qui a été intégrée dans l'ouvrage* La mauvaise réputation *édité par Denoël en 1954 ; enfin, des poèmes longtemps dispersés et ici réunis (*Poèmes retrouvés*). Le tout permettant de découvrir et de parcourir le chemin qui a mené Brassens de* « l'ignorance abécédaire » *– l'expression est de lui – à l'accomplissement en chansons : le sentier de la poésie.*

Quand il n'évitait pas le sujet, Georges Brassens avait le jugement plutôt lucide : « Je ne suis pas un très grand poète, pas non plus un très petit. Je suis un poète moyen. » *On pourrait dire aussi : un poète artisan. Ou encore, selon la définition d'Yvan Audouard concoctée pour le seul Brassens,* « un poète à la main ».

Les poèmes de jeunesse partis en fumée, Les couleurs vagues *constituent la trace précieuse d'un moment particulier dans le « parcours poétique » de Brassens : c'est la première fois qu'il a réuni plusieurs de ses poèmes pour en faire un recueil ; il a ensuite recopié son manuscrit en plusieurs exemplaires et l'a distribué à quelques amis. La « fabrication » et la « diffusion » de l'ouvrage ont eu lieu en 1941 et 1942. Les poèmes datent de 1940 au plus tard, certains ont peut-être été écrits dès 1939.*

La présente édition du recueil Les couleurs vagues *reprend les onze poèmes de l'« auto-édition originale » réalisée par Brassens en 1941 ou 1942. Mais il faut savoir qu'en 1943 l'auteur a mis en musique l'un de ces onze textes et l'a transformé en chanson : c'est à ce titre que* Clochers d'automne *figure au chapitre des « Chansons retrouvées » dans les* Œuvres complètes *de Georges Brassens, parues au cherche midi en 2007.*

Jean-Paul LIÉGEOIS

Clocher du soir

Dans le grand ciel noir
Plein de désespoir,
Un clocher du soir
Se lamente.
Au fond d'un vieux bourg,
Un cœur triste et lourd
Pleure son amour,
Son amante.

Dans le ciel mouvant,
Avec le grand vent,
Il s'en va rêvant
Par l'automne
Tout droit devant lui.
Morne et plein d'ennui,
Il va dans la nuit
Monotone.

Il rêve au destin
Des mots incertains
Qu'on dit un matin
Sous les branches,
À ces mots troublants
Qu'on dit en tremblant
Au bel ange
D'un dimanche.

Pleure, cœur d'amant ;
Pleure doucement ;
Pleure les serments,
Les étreintes,
Quand dans le ciel noir,
Plein de désespoir,
Un clocher du soir
Tinte et tinte.

Prière

Voici l'hiver, voici les pleurs,
Les lourdes plaintes.
Les harmonieuses couleurs
Se sont éteintes.

La brume a posé son manteau
Sur les squelettes.
Et tout ne sera plus bientôt
Que silhouettes.

Les squelettes des grands chemins
Pleurent leur chair déjà pourrie.
Ces squelettes, joignant les mains,
Pleurent et prient.

Prions, mon amie, avec eux,
Pour que Dieu veuille
Que notre amour dure plus que
La pauvre feuille.

Rêves

Les nuages blancs,
Les nuages lents,
Qui voguent sans trêve
Dans le ciel bleu, font
Des rêves profonds,
Des rêves.

Les cœurs amoureux,
Les cœurs généreux,
Qui aiment sans trêve
Les grands cœurs brunis,
Vont vers l'infini
Des rêves.

Nuages charmants,
Tendres cœurs aimants
Qui sans trêve rêvent
À des cieux lointains :
Quel est leur destin ?
Ils crèvent.

La bouée

Je veux vous avouer ce soir, ma chère amie,
Que lorsque je m'ennuie et que j'ai peur de tout,
Lorsque je me sens seul, tout seul, je pense à vous ;
Car vous êtes, je crois, ma plus sincère amie.

Je pense à vous souvent, car souvent je m'ennuie ;
Et dès que je m'égare en un mauvais sentier,
Je fais appel à la merveilleuse amitié
Qui, depuis un grand jour, l'un à l'autre nous lie.

Si j'ai chanté pour vous ce soir ces quelques vers,
C'est que mon pauvre cœur malade s'est ouvert.
S'il vous parlait tout bas, voudriez-vous l'entendre ?

Si avec ses défauts, avec ses qualités,
Ses mauvais sentiments et sa naïveté,
Il se donnait à vous, voudriez-vous le prendre ?

Effluves

Le vent qui se promène à travers les buissons
Ne vous chante-t-il pas les joyeuses chansons
Qu'on chantait autrefois, quand on était ensemble ?
Et la pauvre feuille qui tremble
Au vent ne vous rappelle-t-elle pas mon cœur
Qui frissonnait sous vos regards moqueurs ?
Et ce ciel, si noir, si maussade
Ne vous fait-il pas refaire les promenades
Qu'on faisait la main dans la main,
Par les chemins
Et par les rues ?
Il doit rester encore au fond de vous
Un souvenir de cette époque disparue.
Ce souvenir serait-il aussi doux
Que celui qui chante en moi-même,
Soir et matin, pour me narguer :
Ô gué, ô gué,
Tu l'aimes !

Paysage d'automne[1]

C'est un paysage d'automne
Avec son ciel maussade et lourd,
Ses enfants vêtus de velours
Et ses cloches noires qui sonnent.

C'est un paysage d'automne
Avec ses bruyants vendangeurs,
Avec ses paysans songeurs
Et ses grands arbres qui frissonnent.

C'est un paysage d'automne
Avec ses filles de vingt ans,
Ses filles qui s'en vont chantant
Des chansonnettes monotones.

C'est un paysage d'automne
Et c'est un pauvre cœur d'amant
Qui craque lamentablement
Comme les pauvres feuilles jaunes.

---

1. Georges Brassens, de passage à Sète en août 1942, a dédié ce poème « *à Victor Laville* ».

Ténèbres[1]

Ton âme pleure le passé.
Laisse aller ta mélancolie
Qui ravive un amour lassé.
Élève-toi vers la folie.

C'est une clarté indécise,
Ce sont les dernières lueurs
D'un feu qui s'éteint, d'un bonheur
Qu'un souvenir trop pur excise.

C'est une musique céleste
Qui berce et berce et berce encore.
Mais cette harmonie est funeste
À celui qui n'a plus de corps.

Pleure ami, c'est un jour de deuil.
Si la mort frappe à la fenêtre
De ton cœur, montre le cercueil ;
Elle aura pitié de ton être.

---

1. À l'occasion de son séjour à Sète, en août 1942, Georges Brassens a dédié ce poème « *à Henri Delpont* ».

Te rappelles-tu l'automne ?

Te rappelles-tu l'automne
Et le ciel lavé,
Le ciel dépravé
Qui tonne,
L'automne
Et les couleurs
Éteintes ?
Et les clochers pleins de douleurs
Qui tintent ?
Et les grands routes
En déroute
Sous le vent ?
Et la pluie ?
Et les couplets émouvants
Des hirondelles
Qui s'enfuient
Vers l'inconnu, vers l'infini, là-bas ?
L'automne
Et les pas
Pesants
Des paysans
Qui rentrent aux villages ?
Et les bruyants attelages
Qui s'embourbent dans les flaques,
Dans les larges
Plaques
D'eau ?
L'automne et les bons vieux derrière leurs rideaux,
Et les volets qui grincent et qui claquent ?
L'automne et les marais
Puants ?
Et les forêts
Violettes

Où çà et là se sont plantés
Des
Squelettes
Gluants ?
L'automne
Et le sentiment
De sécurité
Que les cœurs qui s'aiment
éprouvent
Quand ils se retrouvent
Dans l'intimité ?
L'automne
Et les légères aventures ?
Et, dans la tristesse des soirs,
Les au revoir,
Les ruptures…

Amitié

*À Yves Miramont,
à la mémoire de sa mère.*

Poète, je t'écris en ce jour de malheur,
Je t'écris ma plus belle page
Pour te dire que je partage
Ta douleur.

Ma poésie, hélas ! n'a pas grande valeur.
Mais tu lui ouvriras ta porte,
Car d'un ami elle t'apporte
Le cœur.

Quand on est las, quand on est triste,
Il est doux,
Il est doux de savoir qu'il existe
Un vieil ami qui pense à vous.

Septembre

Septembre,
C'est un grand bonheur sous un ciel d'orage.
Septembre,
Ce sont des amants qui vont dans le soir.
Septembre,
Ce sont des mots remplis d'espoir,
Des mots tristes et tendres.
Septembre,
Ce sont des cœurs jeunes rêvant
Dans le vent.

Septembre,
C'est un rendez-vous au fond d'un village.
Septembre,
C'est un amour pur dans une forêt.
Septembre,
Ce sont des baisers qu'on voudrait
Toujours plus fous, plus tendres.
Septembre,
Ce sont les joyeux au revoir
Chaque soir.

Septembre,
C'est un clocher noir qui sonne un mariage.
Septembre,
Ce sont des jardins chargés de couleurs.
Septembre,
Ce sont des yeux chargés de pleurs,
Des yeux tristes et tendres.
Septembre,
Ce sont des souvenirs lointains,
Incertains.

Septembre,
C'est un pauvre amour sous un ciel d'orage.
Septembre,
Ce sont des regards qui semblent moqueurs.
Septembre,
Ce sont les dernières lueurs
D'un feu qui fut bien tendre.
Septembre,
Septembre, c'est un cœur trop lourd
Qui pleure de beaux jours.

Clochers d'automne

Ce sont mes plus chers souvenirs
Que vos chansons d'amour évoquent.
Souvenirs d'une belle époque
Qui ne doit jamais revenir.

    Sous le ciel noir,
    Clochers d'automne,
    Sonnez ce soir
    Vos chansons monotones,
    Clochers du soir,
    Clochers d'automne et d'amour,
    Sonnez toujours, sonnez toujours
    Vos chants berceurs
    Qui me rappellent
    Les yeux pleins de douceur
    Des filles belles,
    Pleins de douceur,
    Pleins de tristesse et d'amour.
    Sonnez toujours, sonnez toujours.

Sonnez, sonnez, sonnez longtemps.
Clochers du soir, vos voix humaines
Sur les jours du passé promènent
Mon cœur, mon pauvre cœur d'antan.

    Sous le ciel noir,
    Clochers d'automne,
    Sonnez ce soir
    Vos chansons monotones,
    Clochers du soir,
    Clochers d'automne et d'amour,
    Sonnez toujours, sonnez toujours
    Vos chants berceurs

Qui me rappellent
Les yeux pleins de douceur
Des filles belles,
Pleins de douceur,
Pleins de tristesse et d'amour.
Sonnez toujours, sonnez toujours.

Sonnez pour mon amour éteint,
Clochers pleins de mélancolie.
Sonnez, sonnez pour ma folie.
Mon cœur a fini son destin.

Des coups d'épée dans l'eau
1942

Parlant de son rapport personnel à l'écriture poétique, Georges Brassens a tenu, sa vie durant, des propos ambigus voire contradictoires. Ici : « La chanson est la meilleure expression de la poésie. » *Là* : « Je ne pense pas être un poète... Un poète, ça vole quand même un peu plus haut que moi... Je ne suis pas poète. J'aurais aimé l'être, comme Verlaine ou Tristan Corbière. »

Il n'empêche ! À vingt ans, Brassens a bel et bien voulu s'affirmer comme poète et être publié. C'est dans ce but qu'en 1942 il a recopié avec soin, dans un cahier d'écolier, un choix de ses poèmes pour en faire un recueil qu'il a titré : Des coups d'épée dans l'eau. *Il a dédié l'ensemble à sa mère, à son père et à sa sœur. Et il a demandé à son voisin sétois et copain de collège Émile Miramont, dit Corne d'Aurochs, de lui écrire une préface. L'ouvrage n'est jamais paru, mais la mise en forme indique clairement qu'il y a eu intention de publication.*

J.-P. L.

À ma mère, à mon père, à ma sœur.

Préface

Un saule pleureur. Et pourquoi pleurait-il ? Quelle manie saugrenue que celle qui consiste à faire pleurer un saule sous le prétexte audacieux qu'il possède une chevelure romantique...
À ses pieds (ceux du saule), un chérubin ailé, ailé de divines merveilles inhérentes à cet âge, merveilles inconnues parce qu'inexplorées, d'une épée ravie à l'ange Gabriel – qu'importe qu'il fût archange – frappe l'eau de la rivière où se mire le saule... Il frappe, l'eau jaillit, puis retombe, encore quelques ronds et l'image du saule répète sa grimace en l'azur du courant.

Sur l'azur du papier un homme a mis son cœur. D'une plume assurée, solidement en sa main, il frappe sur ce fleuve, fleuve de têtes humaines s'écoulant à ses pieds. L'eau jaillit, puis retombe et le fleuve arrêté un instant reprend sa course folle à l'océan glacé.

Chérubin, qu'as-tu fait, et toi, poète ? Étrangement unis en cette œuvre de fou parce qu'elle est d'amour. On s'éloigne de vous et c'est la récompense de celui qui dans l'eau donne des coups d'épée.

Qu'importe, mes amis, que l'étoile palisse en cette nuit profonde, car vous avez senti, car vous avez pensé, car vous avez vécu.

Émile MIRAMONT

Esprit

Sujet emprunté à Scool.

Je n'aime pas l'esprit, dit un jour plein de rage
Cousin à Scool qui en faisait.
Scool lui répondit : Je le sais,
Maître, j'ai lu tous vos ouvrages.

Nuance

Sujet emprunté à Scool.

Le poète Untel, dit Dumas,
L'autre jour m'a
Donné son dernier livre à lire.

Alors quelqu'un dans un sourire :
Il eût mieux fait de vous le donner à écrire.

Neige

Les enfants
Sortent en tremblant du collège.
La rue a mis son manteau blanc,
Il neige.
Ah ! quel troublant
Spectacle !
Ah ! quel miracle !
Regardez ces beaux papillons
Qui à perte de vue au-dessus de nos têtes
Voltigent par millions.
Quels joyeux tourbillons !
Et quelle fête !
Vite, vite,
Petits garçons,
Bâtissons
Un bonhomme
Comme
Celui qu'on voit dans la leçon.
Vite, vite,
Mettons un manteau
Sur sa peau.
À sa bouche mettons une petite
Pipe.
Sur sa grosse tête un chapeau
Haut
De forme, oh
Qu'il est beau !
(Il est magnifique...)

Maintenant
Mes enfants,

En avant
La musique.
(Et les enfants deviennent fous.)

Préparons-nous,
Aimons-nous.
Travaillons pour la victoire,
Pour la gloire.
Chaque coup
Écrit une page d'histoire.

À mon premier commandement,
Bombardement
Des principales villes !
(Je crois avoir dit qu'ils étaient devenus fous.)
Écrasement
(Maman !)
Des populations civiles !
Battons-nous courageusement
Et ils (les ennemis) verront bientôt comment
On décime une armée ennemie aussi vile.

Ainsi parlait un jeune chef
À des soldats pleins de courage.

Un grand combat eut lieu, mais il fut des plus brefs.
Car les combattants avec rage
Bondirent sur leurs ennemis
Qui, en un clin d'œil furent mis
En piteux état.
La victoire était complète.
Ta ra ta ta, ta ra ta ta.
Le clairon allait la sonner.
Ta ra ta ta quand soudain une pipelette
Ta ra ta ta reçut la dernière boulette
Sur le nez.
(Clairon ! Sonnez !)
Ce n'était rien, mais la gâcheuse,
En plus de muscles de lutteur,
Possédait une humeur
Fâcheuse.
Et, sans délai,
(Dieu que c'est vil, Dieu que c'est laid)

Elle voulut prouver que concierge est de taille
À se servir d'un solide balai...

Ainsi se termina cette grande bataille.

Ah ! si toutes pouvaient se terminer ainsi,
Hélas, trois fois hélas ! Au revoir et... merci.

Égalité

Le feu prend dans la cheminée.
On resterait jusqu'à midi
Au chaud, mais depuis samedi
Les vacances sont terminées...
Il faut abandonner le lit.

En évoquant les jours de bonheur et de fête,
On met ses livres sous son bras.
On met son bonnet sur sa tête
Et l'on s'en va...

Le long du chemin, on rencontre
Des élèves, des professeurs
Qui d'un même chagrin font montre.
Si nos âmes ne sont pas sœurs,
Malgré tout elles se comprennent.

Hélas ! puisqu'il faut qu'on reprenne
Le pédagogique collier,
Nous professeurs, avec les écoliers,
Dans ce malheur nous devons être
Unis comme des escaliers.
Jusqu'au jour proche où, devant se soumettre,
Le maître redeviendra maître
Et l'écolier, simple écolier.

C'est ainsi que dans chaque école
De chaque pays, chaque fois
Que le maître flanque une colle,
Seul le collé s'en aperçoit.

Mais, quand arrivent les vacances,
Tous, tous dans un élan joyeux,
Élèves, professeurs, gaiement entrent en danse
Et la même lueur brille au fond de leurs yeux.

Le ramoneur

Toto était un petit ramoneur,
Un ramoneur de cheminée.
Pour lui, c'était un déshonneur
D'avoir la tête enfarinée.
Quand il voyait le boulanger,
Tout blanc sur sa blanche voiture,
Cela le faisait enrager,
Lui, le héros de la toiture.
Car enfin, quel est le danger,
Quel est le danger que présente
Cette vile profession ?
Entre nous, mes amis, n'est-elle pas exempte
De soucis, de sensations… ?
Oui, mon petit, oui, mais l'odeur de la farine
Qui vient chatouiller les narines
De celui qui pétrit le pain,
Elle n'est pas aussi subtile
Que le fumet d'un rôti de lapin
Ou de volatile.
Odeur de pauvre et de rupin
Odeur de joie et de tristesse,
De grandeur et de petitesse,
Sent-il tout cela votre pain !
D'accord, jeune Toto, mais tes habits sont sales ;
Vois ceux du boulanger, ils sont immaculés…
Immaculés ! Taisez-vous, tête pâle !
Ah ! vous me faites rigoler !
Oui, c'est vrai, j'ai du noir sur le dos, sur les hanches,
Sur le nez, mais…
Mais mon âme est
Blanche.
Et quand de mes vieux vêtements,

Le dimanche matin, j'essuie
La suie,
Je suis plus propre et plus charmant
Que votre gros sac de farine.
Vous allez sans doute penser :
« Ciel ! quelle langue vipérine !
Ciel ! quel présomptueux ! » Je sais.
Pourtant, moi, lorsque je me lave,
Je blanchis, je le puis prouver.
Le boulanger peut se laver,
Plus il frotte et plus ça s'aggrave.
Plus il lave et plus ça noircit.
Vous comprenez la différence ?
Et vous tombez d'accord, je pense,
Avec moi...
Mille fois
Merci.
Que dans tous les esprits, cette leçon fort juste
S'incruste.

Toto venait d'avoir huit ans
Quand il devint amoureux de Suzette.
À son âge, amoureux ! Vous êtes
Étonnés... je vous crois, pourtant...

C'était un de ces jours de fête
Qui vous donnent, dès le réveil,
Dès que sous l'action
Des rayons
De soleil
Le ciel rougeoie,
De la joie,
Du bonheur.
Sa tâche étant terminée,
Notre petit ramoneur
Au pied d'une cheminée
Nonchalamment s'étendit
Une voix douce et fluette
Qui faisait : Hou, hou ! Hou, hou !
Cette voix sortait du trou.
C'est la voix d'une fillette,
Se dit
Le brave Toto.
Il répondit

Aussitôt :
Hou, hou ! Hou, hou ! Hou, hou !
Qui est là, qui m'appelle ?
Hou, hou ! Hou, hou !
Qui êtes-vous,
Mademoiselle ?
Je suis Suzette et j'ai sept ans ; et je suis belle.
Et je suis libre ; et vous, monsieur ?
On me nomme Toto, mais je suis bien plus vieux
Que vous, j'ai huit ans et personne
N'a jamais voulu de mon cœur.
Car je ne suis qu'un ramoneur.
En voulez-vous ? Je vous le donne !
Je veux bien, tenez, demain soir,
À l'heure où les étoiles brillent,
Apportez-le devant la grille
De ma maison dans le coin noir.
J'y serai sans doute. Au revoir.
Je vous présente mes hommages,
Suzette, et même, si j'osais,
Je vous enverrais un baiser.
Allons, allons, voulez-vous être sage !
Petit polisson, gros vilain,
Nous essaierons cela demain.
Soyons prudents et n'allons pas trop vite...

Et ce fut la dernière fois
Que Toto entendit la voix
De la généreuse petite
Qui voulait bien le prendre pour amant.

Le lendemain, tel un vrai gentleman,
Il fit l'emplette
De violettes
Et courut à son rendez-vous,
Espérant y trouver Suzette...

Elle n'y était pas, ce fut un rude coup.

Il faut être cruelle, il faut avoir du vice
Pour exercer d'aussi graves sévices
Sur le faible cœur d'un novice.

Toto faillit en perdre la raison...
Pendant une heure encore, il fit le pied de grue
Vainement au coin de la rue...
Puis il revint à sa maison,
La tête lourde et l'âme en peine...
Avec l'intention de se donner la mort,
Il longea les quais de la Seine.
Mais comme celle-ci lui paraissait trop pleine,
Et qu'il avait bien peur d'y trouver des baleines,
Il préféra rester au bord,
Disant qu'on a plus de confort
Sur la terre.
Et puis, qui sait ? peut-être que sa chère
Mère
Aurait voulu subir le même sort.
Non, Toto oublierait
Cette mésaventure
Et retrouverait
Avec le bonheur les toitures.

Brave Toto, s'il avait pu savoir,
S'il avait pu savoir que la pauvre petite
Était morte le même soir
D'une terrible méningite,
Peut-être l'eût-il moins maudite...
Brave Toto, s'il avait pu savoir
Qu'elle voulait mettre sa robe
La plus belle pour l'aller voir,
L'eût-il moins couverte d'opprobre
En parlant d'elle aux autres ramoneurs...

Mais il n'était pas devineur.

Triste aventure

Il existait dans le pays breton
Une charmante jeune fille
Que l'on appelait Jeaneton.

Cette enfant était très gentille,
Elle avait un cœur d'or ; aussi, dans le canton,
La prenait-on
Pour une sainte.

Or, un beau jour, il arriva
Que ma Jeaneton se trouva
Enceinte.

Vous parlez d'un événement !
Tout le village
En un moment
Fut alerté ; à nous les commérages !
Qui l'eût imaginé d'une fille aussi sage
Qui ne quittait pas sa maman ?
Les hommes dans la rue, oh ! mon Dieu, point n'y touche.
Mais comme il fait bon dans leur couche,
Jeaneton essuya mille et mille tourments,
Car ses ennemis
Se liguèrent
Avec ses amis
De naguère,
Et tout ce monde invectiva
Contre la pauvre créature.
Malheureusement, sa nature
Était fragile ; elle creva
Comme une chienne, solitaire.
Sans commentaires.

Passe-temps

Tandis qu'à ses genoux, depuis le jour, sans cesse,
Par une domestique un vieux nègre est fouetté,
Dans son fauteuil d'osier la charmante princesse
Savoure avec délices une tasse de thé.

Elle compte les coups qui meurtrissent l'épaule :
Cinq cent cinquante-huit, cinq cent cinquante-neuf,
Tapez plus fort, bon Dieu ! Que votre main est molle !
Plus fort ! Le fouet résistera, car il est neuf.

Cinq cent soixante-trois, cinq cent soixante-quatre...
À force de taper sur le dos de ce chien,
Vous êtes fatiguée, eh ! oui, je comprends bien.
Reposez-vous un peu, c'est moi qui vais le battre.

Regardez bien comment je fais pour qu'il se torde
De plaisir sous les doux baisers de cette corde.
Tiens ! Tiens ! Joli négro ! N'est-ce pas qu'ils sont doux,
Mes coups ?

Où en étais-je donc ? Cinq cent quatre-vingt-trois,
Cinq cent quatre-vingt-quatre... Hélas ! triste aventure,
Je viens de me tromper, de quatre coups, je crois...
Il faut recommencer la pénible torture.

Ô pauvre petit noir, ô pauvre malheureux,
Je te jure que je regrette
De frapper à nouveau ta belle peau de bête.
Mais il le faut. Allons ! un, deux...

Le mouchard

Il fait punir l'élève qui bavarde.
On dit de lui, l'air dégoûté :
Laissons-le tout seul, il moucharde.
Et, dès qu'il s'approche, on se tait.

Il doit subir insultes et brimades.
Et même les plus travailleurs
S'en vont chercher leurs camarades
Ailleurs.

Balance = Emblème de la justice

À Roger-Marc Théron.

Mais la balance en question
Devrait subir l'inspection
D'un vérificateur des poids et des mesures.
Elle y gagnerait, je l'assure.

Enfantillage

Un enfant de quatorze ans
(Je vous parle d'un enfant mâle),
Aux jeux calmes et reposants
(Et vous m'accorderez que la chose est normale),
Préfère les bons jeux, bruyants, désordonnés,
Les bons jeux abhorrés des maîtres et des mères.
Et si l'on s'écorche le nez,
Au fond, qu'est-ce que ça peut faire ?
Il n'y a pas de quoi gronder
Un bon garçon pour deux égratignures ;
Car quelques jours suffisent à raccommoder
La plus profonde des blessures.
Mais qu'ont
Donc
Toutes les mamans
De vouloir toujours interdire
Les plus charmants
Amusements ?
Je sais bien ce qu'elles vont dire,
Celles qui ont le grand bonheur,
Le grand honneur
Et l'incomparable avantage
D'être mère d'un beau garçon
Polisson ;
Ah ! oui, je le sais bien, elles vont sans ambages
Me traiter de brute, de fou,
Peut-être même de voyou...
Qu'importe, je suis prêt à tout,
Je possède assez de courage.
Et si le petit feu
Qu'allume
Ma plume
Me brûle un peu,
Tant pis pour moi, c'est le revers de la médaille.

La
Fontaine l'a
Dit : « On ne peut contenter. »
Mais je ne crois pas qu'il me faille
Le répéter,
Car vous devez savoir ce qu'a dit l'homme affable !
Si vous l'ignorez, consultez
Son merveilleux livre de fables
(Je serais un vilain menteur
Si je me prétendais l'auteur
De ce jeu de mots admirable).
Si vous ne l'avez pas, procurez-vous le donc.
On
Apprend avec lui à pleurer
Et
À rire.
C'est un bon livre que l'on lit
(Ou plutôt que l'on devrait lire),
Avant de s'endormir chaque soir dans son lit.
Hélas ! ils sont nombreux, ces gens qui dans leur tête
Entassent romans sur romans,
Plus ou moins plats, plus ou moins bêtes...

Mais revenons à nos mamans
Qui, depuis deux bonnes minutes,
Me suivent courageusement
Et peut-être rageusement.
Il va falloir qu'on se dispute,
Qu'on entre en lutte.
Mères, gardez votre sang-froid
Et ménagez votre énergie,
Faites le signe de la croix.
Très bien, je repars, un deux trois...
Les mères ont une manie,
C'est de vouloir leur rejeton
(Ce mot, détrompez-vous, n'est pas de mauvais ton)
Toujours sage
Comme une image.
Toutes voudraient que leur « petit »,
Dès que la classe est terminée,
Vînt faire ses devoirs près de la cheminée
Et comme une fille attendît
L'heure d'aller se mettre au lit.
Toutes voudraient que le dimanche,

Que le dimanche et le jeudi,
Au lieu de grimper sur les branches,
De se rouler sur le gazon,
De salir sa culotte et sa chemise blanche,
Leur fils restât
À
La maison
Pour faire du tricot,
Ou
Tout
Au
Moins apprendre.
Toutes voudraient... Hélas ! l'adage a beau prétendre
Que vouloir c'est pouvoir, je ne suis pas d'accord.
D'abord,
Chasser le naturel est irréalisable ;
Donc, les garçons
Ne sont
Pas accusables
(J'eusse préféré « excusables ».
Mais, ces deux « *sons* » se rencontrant,
« Donc les gar*çons sont* excusables »
Aurait produit un petit choc navrant,
Un petit choc déshonorant,
Et surtout très désagréable.)

Les garçons, c'est incontestable,
(Et, d'ailleurs, c'est incontesté)
Sont parfois très très détestables
(Et, d'ailleurs, très très détestés).
Exemples : Quand ils font les pitres
Devant un malheureux bossu.
Quand, pour donner un aperçu
De leurs capacités, ils bombardent les vitres
Au risque de tuer de paisibles bourgeois
Qui prennent l'air à leur fenêtre.
Quand, comme de parfaits putois,
Ils vont gueuler de tout leur être
Dans la maison d'un travailleur qui dort.
Quand ils vont dans les corridors
Pisser négligemment sur les plus belles portes
Pour prêter... main, oui, pour prêter
Main forte,
Main forte aux chiens en liberté,

Ils méritent d'être fouettés.
Et quand ils tirent les sonnettes.
Et quand ils prennent dans leurs bras,
Pour les embrasser, les fillettes.
Et cætera, et cætera.

Mais que voulez-vous qu'on y fasse ?
Et d'abord, le temps passe, il passe,
Comme un vrai fou, il court, il court.
C'est l'éternel départ, c'est l'éternel retour,
C'est un grand voyageur qui jamais ne se lasse.
Ces garnements, dans quelques jours,
À d'autres céderont
Leur place,
Dans quelques mois (quel triste sort)
Ils seront
Morts.

Et c'est la raison pour laquelle,
Si votre fils rentre le soir
À la maison
Avec un œil au beurre noir
Et les vêtements en dentelles,
Avec des trous
Dans les genoux,
Avec dans les yeux quelques larmes,
Vous n'avez plus le droit de prendre un air « gendarme »,
Ni de lui donner un grenier
Pour asile,
Ni de lui raconter qu'il est des imbéciles
Le dernier.
Peut-être a-t-il joué à la petite guerre,
Peut-être a-t-il été surpris
De voir que l'injustice existait sur la terre...
Peut-être a-t-il déjà appris,
Compris
Que, si chez l'écolier l'honneur ne compte guère,
Il a chez l'homme un très bas prix.
C'est dans ces moments-là que l'enfance est sublime,
Qu'elle est loin
De l'abjection,
Qu'elle a besoin
D'affection,
De réconfort, de compréhension

D'un cœur intime.
Mon Dieu ! quelle aberration !
Si, en deux ou trois coups de lime,
Vous enlevez le beau verni
Qui couvre la bassesse et la cache à sa vue !
Son beau, son grand rêve est fini,
Vous commettez une bévue.

Conclusion

Le siècle où nous vivons est un siècle pourri.
Tout n'est que lâcheté, bassesse.
Les plus grands assassins vont aux plus grandes messes
Et sont des plus grands les plus grands favoris.
Hommage de l'auteur à ceux qui l'ont compris.
Et merde aux autres !

À LA VENVOLE
1942

À la venvole, *recueil de poèmes paru à Paris en 1942, est la première œuvre de Georges Brassens à avoir été éditée. Il s'est agi d'une édition à compte d'auteur : grâce à une souscription lancée auprès de la famille et des amis, grâce à un apport financier de Jeanne chez qui il vivait désormais, Brassens a pu rembourser les frais d'impression du livre à l'éditeur.*

Brassens n'est pas allé frapper à n'importe quelle porte ! Pour faire paraître son ouvrage, il a choisi l'enseigne d'Albert Messein Éditeur, c'est-à-dire la maison d'édition qui a diffusé et popularisé les œuvres de Baudelaire, de Verlaine et de Rimbaud.

À la venvole annonce clairement la couleur : les poèmes publiés sont ceux d'un révolté, d'un rebelle, pas ceux d'un rimailleur « correct et bien élevé ». L'auteur en herbe ose régler des comptes avec la société[1]*, s'attaquer à l'Église et à la justice. La « mauvaise réputation » est annoncée. Le « grand Brassens » des chansons à venir perce déjà sous le « petit poète ».*

J.-P. L.

---

1. Sur un mode délibérément antinomique, Georges Brassens s'est amusé à titrer ses attaques *À la venvole*, expression populaire qui signifie « à la légère ».

Amour

Premier amour, premier serment
    De la vie ;
On aime, on rit, on pleure, on ment.
    On oublie !

La vieille Bretonne

La vieille Marie-Jeanne est trépassée hier soir.
Dans le pays breton, les cloches de l'église
Sonnent le glas des morts ; il semble qu'elles disent :
« La vieille Marie-Jeanne est trépassée hier soir. »

Son voisin, le vannier, prétend : « C'est de tristesse,
Car monsieur le Curé, l'an passé, lui a dit
Que son âme n'irait jamais en paradis,
Si elle ne venait plus souvent à la messe. »

« Moi, je crois fermement, m'a dit le vieux notaire,
Que c'est d'écœurement, car un méchant huissier
Devait, dans le courant du mois de février,
Jeter sur le trottoir les meubles de sa mère. »

« Enfin, elle n'est plus, dit son propriétaire.
Durant sa longue vie, a-t-elle atermoyé
Pour payer ses impôts, son pain et son loyer :
Va-t-elle atermoyer pour s'en aller en terre ? »

La vieille Marie-Jeanne est trépassée hier soir.
Dans le pays breton, les cloches de l'église
Sonnent le glas des morts ; il semble qu'elles disent :
« La vieille Marie-Jeanne est trépassée hier soir. »

Illusions

C'est par le rêve qu'on oublie
Les difficultés de la vie.

Un éminent maître d'école,
Qu'en ce lieu un trop long séjour
Avait rendu balourd,
Prit un beau jour
La parole.

« Un enfant voit la vie aimable,
Il se laisse bercer d'illusions,
Il croit que l'homme est toujours charitable
Et qu'il n'accomplit que de bonnes actions.
Des auteurs idiots veulent lui faire accroire
Leurs fictions,
Leurs fallacieuses histoires.
Qu'arrive-t-il, lorsque l'enfant grandit ?
Il s'aperçoit, déception cruelle,
Que la réalité est loin d'être aussi belle
Qu'on le lui avait dit.
Il voit partout le vice,
La méchanceté,
L'injustice,
La lâcheté.
Et que devient alors son grand échafaudage ?
Hélas ! malmené par le vent,
Il s'écroule et, le plus souvent,
(Connaissez-vous l'adage ?)
"Perdre l'illusion, c'est perdre le courage."
Le malheureux garçon reste jusqu'au tombeau
Triste et désemparé ; son rêve était trop beau.
Conclusion :
Gardez-vous des illusions,

Elles sont souvent dangereuses.
Car des hommes les actions
Ne sont pas toujours généreuses. »

Notre balourd d'instituteur
N'était pas, j'en conviens, le roi des imbéciles.
Mais il ressemblait trop à l'élève docile
Qui écoute son précepteur
Sans jamais chercher à comprendre
Ses leçons, sans même entreprendre
Quoi que ce soit. Sans regarder en l'air,
Cet être, disons-le, n'y voyait pas bien clair,
Car s'il eut eu l'œil emmétrope,
Il aurait vu, pauvre croquant,
Que la réalité décourage un enfant
Et fait de lui un misanthrope.
Grâce aux illusions, les jeunes tenteront
Des entreprises
Qui échoueront.
Mais les leçons seront comprises
Et leurs cadets réussiront.

Le juge

*J'ai emprunté le sujet de cette poésie
à MM. Naud et Rollin.*

Le rossignol et le coucou
Au sujet de leurs chants se prirent de querelle.
Ils allaient en venir aux coups,
Quand passe un bourriquet. Nos deux chanteurs l'appellent.
« Ohé ! bel ânon : approchez,
Écoutez nos deux voix, puis, en maître, jugez. »
Notre orgueilleux coucou, de sa voix la plus tendre,
Fait entendre
À l'ânon
Manon.
De sa voix la plus pure,
Notre doux rossignol,
Entonne un grand air espagnol.
Pendant tout le concert, couché dans la verdure,
L'âne semblait se délecter.
Lors, le concert exécuté,
Les deux musiciens disent à la bourrique :
« De nos voix, quelle est celle que vous aimez ? »
Elle ne leur dit rien, car, dans la nuit magique,
Elle dormait...

Les héros

À Tonio Casanova.

Les individus charmants
Qui vous parlent constamment
Du courage militaire
Sont très nombreux sur la Terre.
Je sais bien que le soldat,
Qui se bat
Et qui meurt pour sa patrie,
« A droit qu'avec respect la foule vienne et prie »
Devant son tombeau
Qui, entre les plus beaux, est le plus beau.
Je sais que tel pompier mérite
Le nom de courageux
Qui se précipite
Au feu
Pour délivrer un malheureux.
Je sais aussi que l'homme qui se jette
À l'eau
Pour sauver quelqu'un n'est pas une femmelette.
Mais, pour cette raison, le beau nom de héros
Ne conviendrait-il pas à cette créature
Que le bourreau
Torture
Et qui, devant la mort, clame avec fermeté
La sincérité
De sa foi, sans céder aux basses
Menaces ?
Et que dire de cet enfant
De vingt ans
Qui se sacrifie
En consentant

À passer sa vie
Auprès de son père impotent,
Tandis que pour ses camarades
Tout n'est que sports, tout n'est que jeux ?
Lui, volontairement, reste auprès d'un malade ;
N'est-il pas des plus courageux ?
Enfin, admirons cet élève
Qui tôt se lève
Pour faire ses devoirs, apprendre ses leçons
Et qui, bien que souvent l'étude soit amère,
Pour faire plaisir à sa mère,
Malgré l'insuccès, persévère.
Ce garçon
Mérite qu'on l'aime.
Il est peut-être courageux à sa façon,
Mais il est courageux tout de même.
Je sais qu'il n'obtiendra pas d'autre récompense
Que celle que lui donnera sa conscience.
Mais, celle-ci n'est-elle pas
La plus enviable ici-bas ?

Rime

*J'ai emprunté ce sujet aux
« Mots et anecdotes ».*

Dans un salon, un jour de fête,
    Un poète
Fait sortir de son fondement
    Un vent,
Qui gronde comme une tempête.
Tout confus de cet incident,
Le malheureux rimeur s'escrime
À trouver un bruit approchant.
Une dame, d'un air touchant,
Lui dit : « Allons, mon cher, ne cherchez plus la rime ! »

                Moralité
Que le monde est méchant !

L'ignorant

C'est l'histoire d'un paysan
Qui avait à peine dix ans,
Quand ses parents, ouvriers agricoles,
Le retirèrent de l'école.
L'enfant ne savait rien, et son petit cerveau
Resta toujours à ce niveau.
Oui, mais, pour compenser ce peu de connaissances,
Il avait depuis sa naissance
Nombreuses qualités : il était courageux
Et possédait, en sus, un grand cœur généreux,
Une âme délicate et tendre.
Mais cette dernière vertu
Ne peut jamais se faire entendre
De certains gros pédants dont l'esprit va tortu.
Trois jeunes lycéens (et vous savez, j'espère,
À quoi vous en tenir sur bon nombre d'entre eux,
À peine ont-ils des poils sur leur menton dartreux
Qu'ils font les beaux esprits, qu'ils raillent, vitupèrent
Leurs maîtres, leurs amis, et parfois leurs parents.
À peine ont-ils leur « bac » qu'en savants ils s'érigent),
Trois jeunes lycéens, vous dis-je,
Qui venaient une fois par an
Dans le village
De notre sage,
Rencontrent ce dernier, un matin, dans les bois.

Dès que le plus sot l'aperçoit,
Il crie à ses camarades :
« Ohé ! L'innocent à bâbord !
Faisons-lui jouer la parade.
Nous lui demanderons d'abord
S'il connaît Cicéron, Homère. »
« Je ne les connais pas, leur répond le garçon,

Mais dans la première maison
Vous trouverez monsieur le Maire
Qui vous dira certainement
Si ces messieurs sont là en ce moment. »
Est-il bien utile de dire
Que mes jeunes crétins éclatèrent de rire ?
Ils rirent très longtemps, et ils riraient encor
Si l'oncle du curé, homme juste et honnête,
N'était passé par là avec son chien Médor.
Il prend l'aîné, vous le soufflette,
Tire l'oreille à ses deux compagnons
Et leur dit : « Mes petits mignons,
Sachez d'abord qu'à beaucoup de science
Je préfère un peu de bonté,
C'est la meilleure qualité,
Croyez-en ma vieille expérience.
Cet honnête garçon n'est pas de votre rang ;
Vous êtes des lettrés qui savez bien des choses,
Et il n'est qu'un pauvre ignorant
Qui paraît idiot avec lui quand on cause.
J'en conviens, il n'est pas instruit,
Mais il a bon cœur, et je gage
Que, si l'on vous avait élevés comme lui,
Non seulement vous n'en sauriez pas davantage,
Mais, dans vos trois cœurs de sauvages,
Il ferait nuit,
Alors que dans le sien, même par temps d'orage,
Le soleil luit. »

Histoire de pieds

On parlait de pieds et de chaussures,
Lorsque se rencontre avec nous
Un cul-de-jatte en sa voiture.
« Mon cher ! Quelle est votre pointure ? »
Dit l'infirme à Denis d'un petit air jaloux.
Celui-ci répond : « Quarante, ami… Et vous ? »

Tout le monde éclate de rire
Sauf l'infirme, être indélicat,
Balourd, susceptible en tout cas
Qui, rageusement se retire.

Et les belles dames de dire :
« Encore un qui ne comprend pas ! »

L'incompris

Ce matin, le petit Jean
Est méchant.
Il ne veut pas aller en classe.
Et pourquoi ?
Je crois
Que c'est parce qu'Henri l'agace.
Henri est un triste crâneur ;
Parce qu'il fait cinq centimètres
De plus que Jean, il se prend pour un être
Supérieur.
Parce qu'il a une belle figure,
Il se figure
Que les femmes n'aiment que lui.
Mais oui,
Ce grand idiot fait du zèle
Devant toutes les demoiselles,
Parce qu'il est bien habillé
Et qu'il sait construire les phrases ;
Il leur écrit de doux billets
Qui sans aucun doute les rasent,
Mais il est si joli garçon,
Il a de si bonnes façons
Que sa bêtise
Paraît exquise.
Tenez, le mois dernier, au sortir de l'église,
Le laid Jean et le bel Henri,
Rencontrent la charmante Lise,
Dont depuis très longtemps notre Jean est épris.
Elle va comme d'habitude,
Tendre et prude,
Dire bonjour à son amant.
Hélas ! hélas ! à ce moment,
Henri la regarde

Amoureusement.
Ah ! le voyou ! Sur elle il darde
Les rayons brûlants de ses yeux.
Catastrophe ! D'un air joyeux,
La perfide Lise se jette
Dans les bras du nouveau vainqueur
Et murmure, en baissant la tête :
« À partir d'aujourd'hui vous possédez mon cœur.
Vous êtes, croyez-moi, le seul homme que j'aime.
Par pitié, aimez-moi de même... »
Ah ! oui, les femmes, parlons-en !
Elles sont d'autant plus cruelles
Qu'elles
Sont belles.
Et Jean, bien qu'il n'ait que dix ans,
A sur la tête de sa mère
Juré que jamais plus l'amour
N'entrerait dans son cœur sincère.
Pauvre cœur fermé pour toujours
À la vie, à la poésie,
Mais ouvert à la jalousie.
Comment ? Comment ? Que dites-vous ?
Petit-Jean serait-il jaloux ?
Hélas ! depuis son aventure,
Le soir quand il est dans son lit,
Il se demande pourquoi la nature
Fit les uns laids et les autres jolis,
Les uns grands, les autres petits.
Il réfléchit pendant des heures ;
Il cherche, mais ne trouve rien.
Alors, pauvre incompris, il pleure,
Et les larmes lui font du bien.
Mais, quand son père le réveille
En lui tirant un peu l'oreille
(Pauvre enfant),
Il fait le méchant,
Il refuse d'aller en classe,
Prétendant qu'il est las, bien las
Et que le bel Henri l'agace ;
Mais son père ne comprend pas,
Car il est comme bien des pères :
On crie, on se met en colère,
On punit, et souvent on bat,
Mais voilà, on ne comprend pas.

Solidarité

Si monsieur le noir charbonnier
Fait un rabais à l'épicière,
À son tour, ladite épicière
Fait un rabais au charbonnier.

Si le maçon va à l'église,
Il entretient le bon curé ;
Reconnaissant, le bon curé,
Lui fait entretenir l'église.

Vanité

À mon cousin Roger Tuffery.

— Papa ! dis-moi le nom de cet être piteux
Qui, sachant que demain à la cérémonie
On parlera géographie,
Pendant toute la nuit son atlas étudie
Pour épater la compagnie.
— Mon fils, son nom est : Vaniteux.

Un grand balourd qui possédait son « bac »
(Cette peau d'âne hélas ! est la peau de trop d'ânes),
Qui parlait *ab hoc* et *ab hac*
(Cette rime en latin nous évite une panne),
Et qui depuis longtemps perdait la tramontane
(Un de ces ignorants si nombreux sur la Terre
Qui se prennent pour savants
Et qui ne sont le plus souvent
Que des fats, n'ayant lu que leur abécédaire),
Me parla des auteurs et des textes français.
Le pauvre imbécile voulait
M'en mettre
« Plein la vue » ; et je dois reconnaître
Que, bien qu'il fût privé d'esprit,
Il s'y prit
Comme un maître.
Après Gaston Paris et Joseph Bédier,
Il me dit l'origine des « Chansons de geste ».
Sa théorie hélas ! pour moi fut indigeste.
(On peut encore le voir au fond de mon gosier.
Depuis, j'ai beau m'égosiller
Pour qu'elle daigne sortir : elle reste.
Je ne vous la dis point, car vous m'en voudriez.)

Ensuite, il étala ses autres connaissances :
Il m'apprit que Marie de France
Avait composé quinze lais
Qui, ma foi, n'étaient pas trop laids.
Après sa subtile exégèse
Sur « Les premières légendes d'amour
Qu'aient entendues les oreilles françaises »,
Mon petit paon toussota pour
Déclamer quelques vers du *Roman de la Rose* ;
Ceci d'un ton si grandiose
Que je lui dis en soupirant :
— Ah oui ! La poésie est une belle chose
Pour qui l'aime et la comprend,
Pour qui la goûte...
— Vous l'avez dit, mon cher, mais je me doute
Qu'elle vous laisse indifférent,
Car vous n'êtes qu'un ignorant.
C'est un poème allégorique,
Continua-t-il convaincu.
Et, voyant que j'étais vaincu,
Il ajouta : Ses vers sont octosyllabiques.
Et je restai abasourdi
De jouir d'autant de crédit
Auprès d'un si noble érudit
Qui, me sentant gêné, me dit :
— Peut-être ignorez-vous ce qu'octosyllabique
Veut dire, mon petit ?
— J'attends qu'un maître me l'explique,
Répondis-je naïvement.
— Je vais vous l'expliquer, fit-il modestement.
Il fut charmant.
Il fut même sublime,
Et, par moments,
Il eut des accents
Magnanimes.
Il arriva, enfin, à maître Valéry.
Il me dit que ce grand poète
Était né dans le port de Sète
Et voyant que j'avais souri :
— Comment ? Vous le saviez ? — Mais oui !

— Ah ça, c'est extraordinaire,
Reprit-il d'un ton larmoyant,
On ne s'en douterait jamais en vous voyant.

Alors, je me mis en colère
Et, comme on dit
Dans le Midi,
J'allais l'envoyer « en galère »,
Mais le pauvre avait l'air capot.
Et, moi, redoutant qu'il ne perde
Sa raison, ses os et sa peau
Si je me servais du mot « merde »,
Je repris : — Si je sais cela
C'est par hasard, nul ne confonde,
Car ma mère, pour me mettre au monde,
A choisi ce beau pays-là.
Tranquillisé, mon sot reprit : — En somme
Personne ne comprend,
Non, personne n'apprend
Les jolis vers de ce grand homme.
— Personne jusqu'ici ;
Et vous, lui demandai-je ? — Oh ! moi, mon ami, si !
Quatre choses, pourtant, me donnent du souci.
Primo, c'est l'extra riche rime
Qui de Paul le génie opprime,
Qui de Paul le bon goût supprime.
Secundo, pour atteindre la perfection,
Maître Valéry use,
Il abuse
De l'inversion.
Tertio, le « trop d'épithètes »
Donne d'aigres, de durs, d'amers maux de tête.
Quatro, lui le « poète pur »
Est souvent, très souvent obscur.
Quoi qu'il en soit, Popaul est magnifique.
Aimons-le, car il a, et c'est un grand bonheur,
Remis la forme classique
En honneur.

Là-dessus,
On se quitta près du métro Plaisance :
Lui, content de m'avoir donné un aperçu
De sa haute culture et son intelligence,
Moi, content de l'avoir reçu.
Et j'allai me coucher, car ma tête était lourde
D'avoir subi le cours de cette auguste gourde.
Mais la leçon porta ses fruits,
Car, dans la nuit,

À force de chanter « Ciel que le monde est bête »,
Je fus inspiré
Et je tirai
Ce quatrain de ma pauvre tête :

Si votre esprit est indigent,
Étudiez, écoutez votre maître.
Vous deviendrez instruit peut-être,
Mais vous ne deviendrez jamais intelligent.

Nuages

À Jeanne Robeveille.

Assis sur le bord du chemin
Qui conduit tout droit au village,
J'aimais, lorsque j'étais gamin,
Regarder passer les nuages.

Au printemps, je les comparais
À de belles dentelles blanches
Dont le ciel se serait paré
Pour plaire aux vierges et aux anges.

Mais, quand les beaux jours sont partis,
Quand reviennent les vents d'automne,
Quand, sur le sol, les feuilles jaunes
Forment un immense tapis,

À l'horizon je croyais voir,
Dans un décor invraisemblable,
Debout sur leurs calèches, noirs,
Des diables.

… … … … … … … … … … … … …

Dix ans plus tard, le cœur joyeux,
Je suis revenu au village.
Aussi loin que portaient mes yeux
J'ai scruté l'immense ciel bleu.

Où étaient les vieilles images ?
Je n'ai vu que de gros nuages !

Opinion

Le clergé vit au détriment
Du peuple qu'il vole et qu'il gruge ;
Et que, finalement,
Il juge.

Poèmes retrouvés

1939-1946

Ces Poèmes retrouvés, *qui s'égrènent de 1939 à 1946, coïncident avec une période charnière dans le travail d'écriture de Georges Brassens.*

À partir de 1939, Brassens rompt avec la maladresse voire l'inconsistance de certains de ses écrits d'adolescence : il se met à « étudier » les poètes et nourrit sa propre poésie de ses lectures.

À dater de 1946, c'est avec son « vieux style » de chansons qu'il s'efforcera d'en finir.

À l'issue des années 1939-1946, c'est un « nouveau Brassens » qui s'épanouira : celui que le public découvrira en 1952-1953.

Les Poèmes retrouvés *sont donc autant de traces du passage progressif de Brassens de l'ignorance*[1] *à la maturité. Cette transition ne s'est pas faite sans quelques tâtonnements ou lourdeurs. Mais elle a eu l'avantage de permettre à Brassens de se trouver, de se définir, de s'affirmer à ses propres yeux et aux yeux des autres.*

La plupart des Poèmes retrouvés *ont un caractère autobiographique difficile à dissimuler. Le texte* Les enfants qui chapardent des crânes terreux, *par exemple, est né de sa propre expérience : enfant, Brassens a lui-même volé des crânes dans la fosse commune d'un cimetière de Sète, ainsi qu'il le confiera par lettre à Roger Toussenot en 1949.*

Chaque poème retrouvé traduit une attirance ou une répulsion, devient un chant d'amour ou un cri de détestation. Pour s'affirmer, Brassens procède par adhésion ou par rejet. D'un côté, il s'en prend aux guerres, à l'argent-roi, aux dérives du progrès, au crétinisme, à la méchanceté. Dans le même temps,

---

1. À propos de son inculture à la fin de son adolescence, Brassens a employé l'expression « ignorance abécédaire ».

il revendique la marginalité, la pureté, la différence. Il peste contre le conformisme : « Les normaux sont trop nombreux. » *Il fait le choix de l'individualisme :* « Si je ne suis pas normal / C'est que je n'en ai pas envie. » *Insensiblement se dessine une personnalité originale, un être à part : un libertaire sincère.*

Conviction n'est pas certitude. Brassens s'interroge tout autant qu'il s'affirme : ses poèmes de 1939-1946 sont traversés, pour ne pas dire habités par de fortes interrogations métaphysiques sur la vie et la mort, l'homme et l'univers, le temps et l'espace... On se souvient de ce « radioteur » qui jetait à la figure de ses interlocuteurs cette question récurrente : « Et Dieu dans tout ça ? » *Le Brassens des* Poèmes retrouvés *se pose et nous pose une tout autre question : Et les humains dans tout ça ?*

D'où il ressort clairement – c'est le point de vue de Brassens dès cette époque et il n'en changera plus – que la poésie est salvatrice, qu'elle seule peut aider à vivre et qu'elle a le pouvoir de survivre à la mort. Le raisonnement est simple : quand un poète meurt, il ne disparaît pas complètement puisqu'il laisse sa poésie derrière lui. À l'orgueilleuse et improbable formule « la vie devant soi », *Georges Brassens préfère cet autre pari : la poésie derrière soi. Un pari qu'il a gagné grâce à ses chansons, pas grâce à ses poèmes.*

J.-P. L.

C'est le printemps[1]

C'est le printemps,
C'est le printemps qui chante.
Tout est charmant, tout nous plaît, nous enchante.
Les prés, les bois, les jardins
Sont souriants ce matin.

---
1. Poème de 1939.

Les enfants qui chapardent des crânes terreux[1]

Les enfants qui chapardent des crânes terreux
Dans le charnier des cimetières de province
Ne pourront plus jamais dire qu'on les évince
Du langage des dieux.

Bien loin d'agir à la légère,
Comme affirment les faux témoins,
Les effrontés folliculaires,
Ils apportent beaucoup de soin
À la mise au point
De l'affaire
Les enfants qui chapardent des crânes terreux.

Au fond de leur grenier poudreux
Dont ils ont voilé la lucarne
(Pour barrer le passage aux indiscrets),
Sans la moindre plainte ils s'acharnent
Sur des monceaux de documents secrets
Et font tant d'orgies
De bougies
Que le marchand de cire en est
Tout étonné.

---

1. Poème de 1941. Il n'a été publié que quatorze ans plus tard, dans *L'almanach 1955* du *Canard enchaîné*. René Fallet, alors chroniqueur de l'hebdomadaire, l'a présenté en ces termes : « Écrit à vingt ans, la belle âge, alors que Brassens et son ami Corne d'Aurochs suçaient la vie au crâne des morts. Brassens tient à ce que l'on sache ceci : son enfance n'a pas foutu le camp. On en prend bonne note, mais l'on s'en doutait. »
   Le manuscrit comporte, en exergue sous le titre du poème, cette citation de Charles Vildrac :
   Et si un enfant te réclame, pour y appliquer son oreille, ce gros coquillage difforme que sera mon crâne, donne-le-lui.

Un beau matin leur stratège se lève et, grave,
Leur dit : « Mes braves
L'heure a sonné. »
Vêtus de macfarlanes amples
(Caches habituelles du butin),
Ils se mettent en marche, insignes paladins.
Et si, par hasard, l'un d'eux tremble,
Ce n'est pas d'effroi
Mais de froid,
Tel ce guillotiné dont la littérature
Leur conta la mésaventure.

Ils arborent avec orgueil
À l'endroit de la boutonnière
Un petit morceau de cercueil,
Fruit d'une croisade dernière.

Merveilleusement sûrs
De bien mener leur barque,
Ils mettent le cap sur
L'océan de la Parque.
Au reste, dans le port
Déjà hors
De portée,
Ils se savent des sœurs, parfois des fiancées,
Qui, pour leur éviter le pire,
Prient
Pour eux.

Se plonger dans le trou pullulant d'araignées,
N'en déplaise aux crâneurs, c'est assez dangereux.
Et, plus qu'on ne suppose, ils ont l'âme soignée
Les enfants qui chapardent des crânes terreux.

En voulez-vous des têtes de mort : une, deux,
Trois, quatre, dix, vingt, cent, bien faites ou mal faites ?
Nom d'une pipe ! en voulez-vous des têtes ?

Les enfants qui chapardent des crânes terreux
Dans le charnier des cimetières de province
Connaissent la fontaine isolée où l'on rince
Les macabres larcins à l'abri des curieux.

Voici les filles à qui par cent détours
On révèle les arcanes de l'ossuaire ;
À qui l'on offre des petits bouts de suaire

En gage d'immortel amour ;
À qui l'on murmure « Je t'aime »
En effeuillant le chrysanthème.

Et voilà les capitulards, on les houspille :
Au large, au large, au large, éloignez-vous, peureux !
Les enfants qui chapardent des crânes terreux
Ne les échangent pas contre des sacs de billes.

Le temps passe. L'enfance meurt dans la mansarde.
Au cœur d'un bric-à-brac attachant et affreux,
Trône le dieu déchu, le vieux crâne terreux
Qui s'escrime à serrer les dents sur sa bouffarde.

Le temps passe. Avec son sourire et son trousseau,
Il vient une petite femme qui se pique
De bon ordre. Une tyrannette. Le fléau
De tout ce qui franchit les horizons pratiques.
Un jour, n'y tenant plus, elle grimpe là-haut
Et fait en sorte que le vieux crâne épique
Se casse un reliquat de nez dans le ruisseau
Et donne chair de poule à quelque chemineau.

Comme nous leur pardonnons[1]

La baronne de Bigotier
Passait tout son temps à prier.
Un jour, dans sa maison,
Dieu le leur pardonne,
Deux cambrioleurs sont pincés.
Après les avoir fait passer
À tabac, la baronne
Ordonne
Qu'on les jette en prison
Jusqu'à leur dernier jour
(La façon de donner
Vaut mieux que ce qu'on donne).
Puis elle va, le cœur moins lourd,
S'agenouiller devant l'autel et recommence
Sa romance :
Et pardonnez-nous nos offenses
Comme nous les pardonnons
À ceux qui nous ont offensés...
Ah ! ah ! ah ! ah ! ah ! ah ! ah ! ah ! ah !
Qu'il soit permis de rire, de rire, de rire,
De rire et rire !
Ah ! ah ! ah ! ah ! ah ! ah ! ah ! ah ! ah !
Ah ! ah ! ah ! ah ! ah ! quel délire !
Ah ! ah ! ah ! ah ! ah ! ah ! ah ! ah ! c'est
Assez !

---

1. Poème écrit en 1942.

[Sans titre][1]

*À Henri Delpont, à Loulou, à Victor, à Gazagne,
à Bois, à Miramont et au ciel de chez nous.*

Si je n'étais pas fatigué,
Je composerais un poème
Dans lequel danserait une troupe bohème
De « swingués », de durs et de fonctionnaires,
De peintres, de légionnaires,
De poètes et de truands,
De marchands de bois de Marseille, etc.
Mais ce serait tuant.
Pourtant, il faut bien que j'essaye
De vous laisser un souvenir,
Si je ne devais plus revenir.
Sait-on jamais avec ces vaches, ces apaches, ces... assez !
Oh ! les salauds, les dégueulasses !
Je sens que mon sang descend
Au-dessous de zéro – la glace !
Oh ! les chemins fleuris, les chemins de l'été,
Les clairs chemins fleuris de rêves et de filles,
Et d'amour !
Oh ! chemins qui brillent
Sous un ciel fou de liberté !
Je penserai longtemps encore
À vous, visages d'autrefois,
Et longtemps j'entendrai vos voix
Sonores
Chanter dans le ciel de Paris

---
1. Ce poème a été écrit pendant le séjour que Georges Brassens, parti de Sète en 1940, a fait dans sa ville natale au cours de l'été 1942, après la parution de son recueil *À la venvole*.

(Chanter dans le grand ciel pourri de Paris).
Vous viendrez me parler de fête
Et cela me fera du bien.
Je n'aurai sans doute plus rien en tête
Que, c'est bête, Sète :
Plages, alcools, fillettes,
Destin, crétins, sourire.
Et dire que je n'en peux plus...
Après de gros efforts,
Lorsque vous m'aurez lu,
Vous vous direz que c'est la vie
Qui vous fait du bien ou du mal.
Et si je ne suis pas normal,
C'est que je n'en ai pas envie.
Car les normaux sont trop nombreux,
Laissons-les se comprendre entre eux,
Et partons par les grandes routes
De ciel pur.

      Sète, le mardi 18 août 1942, à 10 heures.

[Sans titre][1]

Haïssons le chant militaire
Qui joue au souvenir des morts ;
Car son rythme guerrier fait taire,
Dans le meilleur cœur, le remords.

---

1. Georges Brassens a adressé ce poème à son ami André Larue en 1944. Selon Larue, il devait faire partie d'un « recueil de poèmes pacifistes » alors en préparation. On ignore si ce projet a eu une suite, on sait seulement que Brassens avait envisagé d'intituler ledit recueil *Le taureau par les cornes*.

Pour se venger d'Irène[1]

À André Larue.

Les souvenirs caracolent
Comme des chevaux déments,
En revenant de l'école
Où l'on s'ennuie ardemment.

Faisant fi des protocoles,
Des préjugés de mamans,
Ève, Appoline et Nicole
Ont trompé leurs vrais amants.

Possédant des baisers tendres
Plein leurs sourires d'enfants,
Elles n'ont pas su attendre
Leurs chevaliers triomphants.

Et, sans même bien comprendre,
Sans un geste qui défend,
Elles se sont laissé prendre
Par trois insipides faons.

Hélas ! le bonheur se crève
Comme un nuage charmant,
En revenant du beau rêve
Où l'on s'amuse ardemment.

---

1. Ce poème, sur le manuscrit, est daté du « *dimanche 5 août 1945, 10 heures 30* ». Georges Brassens l'a envoyé à son ami Larue avec l'intention de le réconforter alors qu'il venait d'être abandonné par sa fiancée.

Faisant fi des trucs, des trêves,
Des ficelles de romans,
Nicole, Appoline et Ève
Ont pleuré leurs vrais amants.

Et c'est justice !

Mon malheureux ami[1]

Il n'y a pas de sons, pas de senteurs, pas de formes,
De saveurs et d'états, palpables, abornés.
Il n'y a que des illusions conformes
À la quinte des sens humains hallucinés.

Et l'on va s'incliner, les yeux criblés de larmes,
Sur l'atroce néant d'un être qu'on aimait.
Or, cet être néant qui cause nos alarmes
Ne peut pas n'être plus, puisqu'il ne fut jamais.

Naissance, vie et mort sont chimères d'optique,
Claires obscurités, silences phonétiques,
Glaciales chaleurs, raisons d'hurluberlus.

Le monde est impossible et l'homme seul insiste,
Parmi tous les vivants, à croire qu'il existe,
Qu'il existe, qu'un jour il n'existera plus.

---
1. Georges Brassens a écrit ce poème en août 1945 et l'a adressé par courrier à son ami André Larue le 25 août de la même année.

[Sans titre][1]

Malgré tout ce qui naît, tout ce qui vit, trépasse,
Le système solaire est-il reflet du ciel ?
Est-il un phénomène consubstantiel
De l'immense infini des temps et des espaces ?

D'un diable illuminé, d'un dieu à l'âme basse
Est-il le passe-temps bête, artificiel ?
D'un univers qui nos convictions dépasse
Le mouvement accessoire ou essentiel ?

Les pensées, les regards, les mots qui se traduisent,
Les indicibles riens que les mondes produisent
Meurent-ils sitôt nés ? Naissent-ils sitôt morts ?

Sombrent-ils au néant irrémissible ou trouvent-
Ils, au-delà des effets que nos sens nous prouvent,
Une forme où la vie à jamais ne démord ?

---
1. Sur le manuscrit, ce poème est daté du « *16 septembre 1945* ».

Prière à Satan[1]

Ô cher Satan, ô cher ami, ô cher intime,
Exauce les désirs que quelques pauvres gens,
Qui t'ont cent fois payé de leurs âmes la dîme,
T'adressent dans l'effroi de leur bonheur couchant.

Pour nous aider à vivre à l'ombre en indulgents,
Fais qu'il y ait toujours des crétins qu'on estime,
Des méchants pour nous faire plaindre leurs victimes
Et des ladres pour nous faire exécrer l'argent.

Fais qu'il y ait toujours des guerres et des guerres,
Puisque l'homme ne sait que ce moyen vulgaire
De se conduire en preux. Fais, ô cher ange, enfin

Que sous les rires narquois, bénévolement nobles,
Des poètes toujours daignent crever de faim
Pour servir d'amusette aux rejetons d'ignobles.

---
1. Georges Brassens a écrit ce poème à Paris, impasse Florimont, les « *25 et 26 octobre 1945* ».

[Sans titre][1]

Malgré Verlaine, Hugo, le rêveur à nacelles,
Le beau Grec qui mourut en se frappant le front,
La Fontaine, Villon et tous ceux, toutes celles
Qui ont chanté, qui chantent et qui chanteront,

Tes sons auront toujours, ô langue, ô jouvencelle
Antique, des baisers neufs qui pavoiseront
Le ciel le plus obscur de gerbes d'étincelles.
C'est là notre motif d'agir en fanfaron.

Et quand, réduits à rien devant l'œuvre intraitable
De ces dieux dissolvants le mythe de l'étable,
Nous jetons notre lyre et tombons à genoux,

Une voix de nos cœurs monte, douce, illicite,
Nous fait accroire que leur seule réussite
Fut de naître, de vivre et d'écrire avant nous.

Lors, fanatiquement, notre amour ressuscite.

---

1. Georges Brassens a écrit ce poème à Paris, impasse Florimont, les « *1er et 2 novembre 1945* ». Sur le manuscrit, il a noté que l'idée de ce texte lui est venue « *devant la Banque de France* ».

La Camarde[1]

J'ignore si le jour où je deviendrai marbre
A déjà pris sa place en les calendriers.
Mais, ô mort, dites-moi pourquoi vous souriez.

Je sais que mon cercueil n'est déjà plus un arbre,
Que quelque part l'on forge avec un soin jaloux
Le minerai de fer qui servira de clous.

Si seulement j'eusse eu d'autres rimes en « arbre »,
Je vous aurais fait voir, horrifique Camarde,
Comment en quelques vers un poète se fout
Sempiternellement de vos vers et de vous.

Hélas ! en « arbre » il n'y a rien que « arbre » et « marbre » ;
Et l'on en a usé si bien qu'il serait fou
De vouloir faire mieux. C'est pour cela, Camarde,
Que j'ai peine en songeant à vos vers et à vous.

---
1. Poème écrit le « *28 novembre 1945* ».

[Sans titre][1]

Coquettement fleuris d'école buissonnière[2],
Les pensers des matins clairs, à la queue leu leu,
Vont quérir des parfums d'étoiles matinières,
De chants de coqs et d'angélus miraculeux.

Sur les pas d'un silence immortellement bleu
Où le rêve lui-même a de pures manières[3],
Les pensers des matins vont en vers fabuleux
Se baigner dans les eaux blondes des cressonnières.

Chaque seconde émise en étincelle d'or
Éclabousse, folâtre, un calme qui s'endort
Jusqu'à l'heure inévitable de sacrilège

Où, cessant de mêler l'ombre de leurs destins
Aux luminosités des infinis mutins,
Les pensers des matins clairs entrent au collège.

---

1. Poème écrit en janvier 1946.
2. Variante :
Coquettement parés d'écoles buissonnières.
3. Variante :
Où la volonté même a de pures manières.

[Sans titre][1]

Sur les chemins battus aplanis par l'Histoire,
Inexorablement, sûr de lui, le progrès,
Chaque jour, chaque instant, d'un pouce, d'un degré,
Fait avancer ses inventions comminatoires.

Siècles de l'avenir, siècles aléatoires,
Si vous savez le bien conduire à votre gré,
Si vous savez au mieux conseiller ses victoires,
Des sommets merveilleux certes vous atteindrez.

Vous aurez des bonheurs dont le temps ne se doute
Même pas et rirez des écueils qu'il redoute.
Peut-être, serez-vous maître de l'inconnu...

Mais vous regretterez l'ère de l'arondelle,
Cette vie où l'on faisait des vers à la chandelle,
Où l'on vivait peureux, faible, sauvage, nu.

---
1. Poème sans date dont le manuscrit a été conservé par André Larue. Georges Brassens aurait pu le titrer : *Le progrès*.

La pleureuse à gages[1]

Quand un vivant plie bagage
Et que les gentils héritiers
Ont les yeux trop secs, on m'engage
À venir faire mon métier.
Car je suis pleureuse à gages,
La plus capable du quartier.

La chose s'est souvent produite,
Mais je n'en tire aucun orgueil :
J'ai parfois des larmes gratuites ;
Je sais, parfois, pleurer à l'œil
Pour des morts qui n'ont pas de suite
Et dont nul ne porte le deuil.
Je leur fais un brin de conduite,
Je leur mouille un peu le cercueil.

---
1. Poème non daté.

Table

Les couleurs vagues

Clocher du soir	9
Prière	10
Rêves	11
La bouée	12
Effluves	13
Paysage d'automne	14
Ténèbres	15
Te rappelles-tu l'automne ?	16
Amitié	18
Septembre	19
Clochers d'automne	21

Des coups d'épée dans l'eau

Préface	25
Esprit	27
Nuance	28
Neige	29
Égalité	32
Le ramoneur	33
Triste aventure	37
Passe-temps	38
Le mouchard	39
Balance = Emblème de la justice	40
Enfantillage	41
Conclusion	46

À la venvole

Amour	49
La vieille Bretonne	50
Illusions	51

Le juge	53
Les héros	54
Rime	56
L'ignorant	57
Histoire de pieds	59
L'incompris	60
Solidarité	62
Vanité	63
Nuages	67
Opinion	68

Poèmes retrouvés

C'est le printemps	71
Les enfants qui chapardent des crânes terreux	72
Comme nous leur pardonnons	75
[Sans titre]	76
[Sans titre]	78
Pour se venger d'Irène	79
Mon malheureux ami	81
[Sans titre]	82
Prière à Satan	83
[Sans titre]	84
La Camarde	85
[Sans titre]	86
[Sans titre]	87
La pleureuse à gages	88

Librio

953

Composition Nord Compo
Achevé d'imprimer en Italie par  Grafica Veneta
en janvier 2010 pour le compte de E.J.L.
87, quai Panhard-et-Levassor, 75013 Paris
Dépôt légal janvier 2010
EAN 9782290021705

Diffusion France et étranger : Flammarion